Jürg Schubiger • Eva Muggenthaler

Mein Bruder und ich und die Katze im Wald

Peter Hammer Verlag

Wir waren nach der Schule im Wald, mein Bruder und ich. Auf einem Baumstrunk sahen wir eine Katze, die weinte.

Da verwandelten wir uns in einen Wolf. Natürlich brauchte das seine Zeit, ein Wolf, aber am Ende gelang es. Ich war das Gebiss und mein Bruder war der Rest des Wolfes. So gingen wir zur Katze und fragten:

Was fehlt Dir?
Die Katze antwortete: Ich habe mich verlaufen und will nach Hause zurück. Komm, ich zeige dir den Weg, sagten mein Bruder und ich. Nein, miaute die Katze, ich trau dir nicht, du führst mich bloß tiefer in den Wald hinein und dort frisst du mich.

Als wir das hörten, mein Bruder und ich, verwandelten wir uns in eine kleine Spinne. Wir mussten auch die Spinne ein paarmal probieren, bis sie uns glückte. Ich war die acht Beine und mein Bruder war der Rest.

So krabbelten wir auf die Katze zu. Wir fragten: Was fehlt dir? Ach, sagte die Katze, ein Wolf mit einem entsetzlichen Gebiss hat mich erschreckt und ich habe mich verlaufen und will nach Hause zurück.

Komm, ich zeige dir den Weg, sagten mein Bruder und ich. Die Katze schüttelte den Kopf. Du lockst mich bloß in ein Erdloch hinein, sagte sie, und da bin ich dann ganz verloren.

Was sollten wir tun, mein Bruder und ich? Wir verwandelten uns in eine Taube, die einen Brief im Schnabel trug. Es gelang uns nicht sofort, wir brauchten etwa zehn Minuten, bis es klappte. Ich war der Brief und mein Bruder war der Rest. Er flog auf, und vor der Katze ließ er mich fallen.

Die Katze öffnete mich und las: Was fehlt dir? Dann nahm sie ein Papier und schrieb: Eine Spinne wollte mich in ein Erdloch locken, ein Wolf mit einem entsetzlichen Gebiss hat mich erschreckt, und ich habe mich verlaufen und will nach Hause zurück. Sie weinte dabei so sehr, dass das Papier gleich tropfnass war.

Da wurden wir sauer, mein Bruder und ich. Hör endlich mit Heulen auf, dumme Ziege, riefen wir. Die Katze war jetzt ein gewöhnliches Mädchen, und auch wir waren wieder gewöhnlich. Sie sagte: Und ihr beide, ihr hört auf mit dem faulen Zauber und zeigt mir den Weg, aber sofort.

Das taten wir dann, mein Bruder und ich. Unterwegs gewöhnten wir uns an das Mädchen.

Als wir vor ihrem Haus waren, miaute sie. Mein Bruder verwandelte sich in ein Taschentuch und ich winkte mit ihm.

Genug für heute, sagten wir dann. Es war schon halb sieben, Zeit zum Nachtessen, und wir hatten die Schulaufgaben noch nicht gemacht.

Jürg Schubiger, 1936 in Zürich geboren, schrieb für Kinder und Erwachsene. Für seine Kinderbücher erhielt er viele Auszeichnungen, darunter den Deutschen Jugendliteraturpreis. 2008 wurde der Autor für sein Werk mit dem Hans Christian Andersen Preis geehrt. Im Peter Hammer Verlag erschienen mehrere Bilderbücher, darunter *Als der Tod zu uns kam* (mit Bildern von Rotraut Susanne Berner). Die Verleihung des Rattenfänger Literaturpreises für *Das Kind im Mond* (mit Bildern von Aljoscha Blau) hat er nicht mehr erlebt. Jürg Schubiger starb im September 2014. 2016 erschien *Tausend Dummheiten* (mit Bildern von Eva Muggenthaler).

Eva Muggenthaler, 1971 in Fürth geboren, studierte Illustration und Grafik in Hamburg. Ihr erstes Bilderbuch *Der Schäfer Raul* wurde für den Deutschen Jugendliteraturpreis nominiert, ebenso das Bilderbuch *Der weiße und der schwarze Bär* (Text Jürg Schubiger, beide Peter Hammer Verlag). Von 2013 bis 2019 war sie für den Astrid Lindgren Memorial Award nominiert. Eva Muggenthaler lebt mit ihrer Familie und Hund in Nordfriesland. www.eva-muggenthaler.de

Text aus: Jürg Schubiger, Als die Welt noch jung war und die anderen Geschichten
© 2011 Beltz & Gelberg in der Verlagsgruppe Beltz, Weinheim Basel

© Peter Hammer Verlag GmbH, Wuppertal 2021
Alle Rechte ausdrücklich vorbehalten
Litho: PPP PrePrintPartner GmbH & Co.KG, Köln
Satz: Graphium Press, Wuppertal
Druck: TBB, a.s.
ISBN 978-3-7795-0649-2
www.peter-hammer-verlag.de